Made in the USA
Las Vegas, NV
11 October 2023

78922249R00057